AF483059

LETTRE

DE MONSEIGNEUR

LE GARDE DES SCEAUX,

A M. LE NOIR.

Instruit qu'on a répandu dans le Public des copies de la prétendue Réponse que j'ai faite au fieur Volange, j'ai l'honneur de vous adreffer, Monfieur, l'original de la véritable, & vous prie de la rendre publique : je ne veux point qu'on me croie le ridicule orgueil d'être fâché de la Lettre de ce Comédien célebre. On a prétendu que j'étois dans une colere effroyable, croyant mon honneur offenfé, je vous affure que je n'en ai point du tout, & vous en donne la preuve la moins équivoque, en vous demandant de diftribuer ma Réponfe à tous les Oififs de la Capitale. Je penfe que vous n'y trouverez rien qui puiffe me compromettre ; & qu'en la rendant publique, on y reconnoîtra tous mes fentimens.

Agréez, Monfieur, l'affurance de ceux avec lefquels je fuis votre affectionné ferviteur

MIROMESNIL.

Je vous ferai bien obligé auffi de me rendre un petit fervice.

On a répandu dans le Monde ma Vie imprimée ; & foit par erreur, foit par mauvaife inten-

tion, il s’y eſt gliſſé pluſieurs faits faux, que je vous prie de démentir, lorſque vous en trouve-rez l’occaſion.

Il y eſt dit p. 7, qu’à l’exemple de M. Laverdy, j’avois retourné mon nom, & ajouté une apoſ-trophe, ce qui faiſoit *Miromeſnil hué* ; rien n’eſt moins vrai, je vous jure : je n’ai fait changer ni ma ſignature ni mon adreſſe ; & l’on m’écrit tou-jours ſous mon enveloppe ordinaire : *A Monſei-gneur Monſeigneur le Garde des Sceaux de France, à la ſuite des Comédiens ſuivant la Cour.* Il eſt bien vrai que depuis quelque temps j’ai reçu quantité de Lettres à M. de *Miromeſnil hué* ; j’en ignore la raiſon, ne l’étant pas plus dans ce mo-ment que je l’ai été depuis que je ſuis en place.

Il y eſt dit page 25, que mon aventure avec Mademoiſelle Ph..... étoit dans mon Cabinet à Verſailles. Elle eſt jolie, avoit un procès au Conſeil : j’étois ſon Juge, Garde des Sceaux ; mais la chair eſt foible. Un défaut de conforma-tion me force à porter continuellement depuis mon enfance des bandages du ſieur Brognard, autour du cou-de. Dans un moment de vivacité je me jette aux genoux de la Belle ; ma ſimare ſe dérange ; je fais un geſte ; mon bras ſe mon-tre nud ; *Ah ! ſi donc, s’écrie l’impertinente en voyant le volume énorme de mon cou-de & la mai-greur de mon poignet : ſi donc, Monſeigneur, je n’aime point les muſettes.* La Comteſſe de la.... en 1773, fit en pareil cas une répartie plus galante pour moi. Ah ! s’écria-t-elle, Que j’étois ſimple ! je prenois cela pour de la *magnificence de P. P*dt.

(3)

Je vous en prie, Monſieur, à la premiere édi-
tion, faites rétablir l'anecdote dans toute ſa pu-
reté : elle m'eſt arrivée il y a trois ans à Verſailles, dans le cabinet qui donne ſur l'avenue
de Meudon, dans le grand fauteuil, entre la
cheminée & le tableau du Roi.

Il y eſt dit page 39, que j'ai employé toutes
les intrigues imaginables pour être Premier Préſident de Rouen, & que c'eſt à force de vilainies
que je ſuis parvenu à cette place.

Calomnies, Monſieur, calomnies; j'étois Maître des Requêtes, par la grace de Dieu ; car je
n'avois pas un écu de ma Charge ; & je rappor-
tois pour l'amour de Dieu : de Boynes étoit l'ami
du Chancelier, mon Protecteur : un ſoir il avoit
rendez-vous avec ce Magiſtrat : il le trouve en-
fermé avec le Premier Préſident de Rouen : un
grand homme blême, les yeux bleuâtres, une
grande bouche, un petit front & une longue
robe, étoit dans la premiere piece à ſe chauffer.
Il entama la converſation avec de Boynes qui, à
l'exemple de Montenciel, ne cauſoit guere avec
les gens qu'il ne connoiſſoit pas.

— Monſieur vient voir ſans doute M. le Chancelier; — oui, Monſieur ; — Monſieur ne ſçait
pas ce qui m'amene ici ; — non, Monſieur;
— Monſieur, c'eſt pour vous dire tout en deux
mots, je ſuis Conſeiller du Roi en tous ſes Con-
ſeils, Préſident à Mortier au Parlement de
Rouen, riche comme un puits ; j'ai fait un trai-
tement ſuperbe à M. le Premier Préſident; il eſt
là dedans qui demande la permiſſion de ſe dé-
mettre en ma faveur.

A ces mots, la porte s'ouvre, le Premier Préfident fort, emmene fon fot protégé ; à peine a-t-il le temps de faire une révérence gauche au Miniftre, & de bien recommander à de Boynes de n'en rien dire à perfonne. Vous fentez comme le fecret fut gardé. Le Chancelier inftruit fur l'heure, plein de mépris pour le plat, fot perfonnage, témoigna fon embarras à de Boynes, pour avoir un fujet tel quel. Je fus propofé par mon ami, & accepté de fuite : j'en appris la nouvelle à fouper, chez *Etienne*. La lettre de Boynes m'y fit oublier mes amours, & me pénétra de reconnoiffance pour mon bienfaiteur : on a prétendu que j'étois toujours lié avec lui ; cela n'eft pas vrai : une fois dans la difgrace, & moi dans la faveur je ne l'ai plus revu ; il m'a écrit trois fois à l'inftant de mon élévation, pour me demander une légere grace; & j'ai cru me devoir de ne pas lui répondre.

Il eft dit auffi page 53, au fecond *alinea*, que j'étois parvenu par mes crifpinades à donner à M. de Maurepas, la plus haute idée de moi; que je lui avois fafciné les yeux depuis des fiecles, & qu'il avoit toujours eu dans fon cœur le projet de me porter au Miniftere.

Encore inexactitude dans les faits. Huit jours avant mon élévation, M. de Maurepas n'y fongeoit point. Le même de Boynes lui parloit de moi trois femaines auparavant, & repréfentoit à ce Miniftre, que l'exil m'ayant mis dans la plus grande détreffe, on devoit faire quelque chose pour moi. La place d'Envoyé de Cologne étoit alors vacante : De Boynes imagine que je pourrai la remplir, & la demande. Vous n'y pensez pas, lui répond M. de Maurepas : c'est un *apoquo*, une espece, un homme incapable : De Boynes insiste, devient plus pressant. « Tenez, » lui dit le premier Ministre, l'amitié vous aveu- » gle : je sçais bien que le travail de la place n'est » rien ; mais ce rien cependant est encore au- » dessus de ses forces ; c'est toujours une Ambas- » sade : & si j'avois perdu mon chien à Bagno- » let, je n'enverrois pas Miromesnil demander » au Curé la permission de faire battre la caisse » après l'Office, il me feroit quelque querelle » avec les Marguilliers, les Syndics & le Procu- » reur-Fiscal ».

Voilà l'opinion de M. de Maurepas sur mon compte avant ma nomination ; je le sçus à temps ; je tâchai de la détruire : un souper m'en fournit l'occasion ; j'y contai les histoires les plus plai- santes ; je caressai le chien, l'Abbé, la Femme- de-chambre ; M. de Maurepas découvrit subi- tement en moi des talens dont il ne s'étoit jamais douté, & me voilà la premiere Personne du Royaume.

Recevez encore une fois, Monsieur, l'assu- rance de ma reconnoissance.

P. S. J'oubliois, Monsieur, de rectifier un propos que l'on vous aura sûrement rendu mal, & méchamment ; car il commence à courir.

Lundi 2, après le café, le petit Belleisle apporta une Brochure. On a prétendu que j'avois voulu m'en saisir avec une forte d'effroi, comme fi c'eût été un de cès misérables libelles qui excitent *le Cri de l'Indignation publique*. La vérité eft, que je ne daignai pas feulement y jetter les yeux. Je dis naïvement que *je ne connoiſſois que des livres de droit :* un méchant ajouta *& de gauche.* C'eft bien fort, lui dis-je, en fouriant.

LETTRE *de Monſeigneur le Garde des Sceaux au Sieur* VOLANGE.

J'AI reçu votre Lettre, mon ami; & je l'ai lue avec plaifir, n'étant pas infenfible aux éloges qu'elle renferme. Ils font toujours flateurs de la part d'un homme en état de fentir ce que nous valons, & dont les talens peuvent concourir avec les nôtres. Le refte du vulgaire ne nous connoît pas, ou ne peut nous apprécier. Je l'ai éprouvé mille fois ; par exemple, lorfqu'après avoir paſſé toute la matinée à repréfenter dans mon cabi-net, *Gobe-mouche* ou *Dendinet*, je m'affeublois d'une groffe perruque, d'une fimare & d'un air grave & décent pour entrer dans ma falle d'au-dience : de tous les gens qui la compofoient, il n'y en avoit peut-être pas deux qui fçuffent ce qu'il venoit de m'en coûter pour compofer une figure, de maniere à reffembler plutôt à un Garde des Sceaux de France qu'à un Apothicaire.

Je fuis cependant fâché, mon ami, que l'exem-ple de ma fortune ait développé dans votre tête le germe de l'ambition. Nous avons bien joué même rôle ; on nous prendroit pour les deux Sofies : d'accord : mais je fuis l'aîné, & vous n'êtes que le cadet. La différence qui fubfifte en-tre nous provient de celle du lieu où nous avons exercé nos talens, vous fur le boulevard, & moi dans la fociété : votre pofition vous met dans l'impoffibilité de parvenir au même fuccès. L'autre jour, par exemple, chez Madame de Vergennes, la fociété s'égaya ; on place un immenfe chapeau à la *Malbrough* fur ma tête chauve, une ceinture de Lévite fut employée à attacher ma fimare, une couche de rouge colora ma figure blême. Vous conviendrez, mon ami, que cet équipage étoit très-grotefque : on auroit pu me prendre pour un de ces gros barbets qui danfent aux portes des maifons avec de petits jupons retrouffés. Cette mafcarade fait avec la perfonne d'un Garde des Sceaux un rapprochement des plus bifarres auquel tout votre arr ne peut pas fuppléer ; & je dois par conféquent être recherché dans la focieté comme un bouffon infiniment plus plaifant que vous.

D'ailleurs, à un naturel burlefque, fimple, rampant, adroit que nous poffédons également, j'ai réuni des qualités plus brillantes : les fots qui ne peuvent y prétendre, les nomment *duplicité, hypocrifie, méchanceté, fineffe de renard, baffe intrigue ;* cependant elles ont été la caufe de mon élévation, & feront la fortune de quiconque les poffédera au même dégré que moi.

Vous voyez que je vous parle avec franchife ; c'eft la premiere fois de ma vie : profitez-en, & calculez enfuite fi beaucoup de gens dans le monde ont droit de monter au pofte que j'occupe.

Réfléchiffez, mon ami, & mettez-vous à votre place. Je ne puis vous en donner une à la

Grand'Chambre ; il y a déjà trop de Comédiens ; ils y font trop nombreux ; & plufieurs fe plaignent qu'avec la rapacité la plus ténace, il faut prefqu'autant de temps pour s'y enrichir, que dans une place d'Officier de la Bouche chez le Roi. Mais foyez tranquille fur votre avancement pécuniaire : le Premier Préfident eft mon ami ; nous avons lié amitié chez un Sieur La Pienne, l'un de fes courtiers à la petite femaine. Nous vous donnerons un intérêt de 6000 liv. dans notre caiffe, fur le produit des épices & de la Librairie. Je dirai au Prince Louis de vous affigner une gratification fur fes produits des $\frac{15}{20}$.

Adieu, mon ami ; quand vous pourrez venir à Verfailles, nous repafferons enfemble quelque fcene ; & j'efpere vous donner encore des leçons de fourberie & de tours de paffe-paffe qui vous ferviront à jouer les grands Valets avec plus de fupériorité.

Je fuis tout à vous,

HUE DE MIROMESNIL.

IIe LETTRE

DE MONSEIGNEUR
LE GARDE DES SCEAUX

A M. *LE NOIR.*

Verſailles, ce 10 Juin 1783.

UNE affaire qui me ſurvient, Monſieur, m'o-
blige de m'adreſſer encore à vous, pour vous
prier de me rendre tous les ſervices que vous
pourrez. Les Membres du Conſeil que j'avois
nommés, d'accord avec le Grand-Aumônier,
pour remplacer dans l'Adminiſtration des Quinze-Vingts, ces Formaliſtes qu'il a renvoyés, re-
fuſent d'obéir au Roi. L'Abbé de LARBOUST,
à leur tête, ſoutient que, comme Prêtre, comme
Magiſtrat, comme Gentilhomme, il ne peut
s'immiſcer dans des choſes qu'il ne connoît
point ; que d'ailleurs il ne peut & ne doit être
aux ordres du Cardinal, ni conſentir d'être préſidé
par l'Abbé GEORGEL, n'avoir que voix conſul-
tative à ſon Bureau, & que l'honneur du Conſeil y eſt intéreſſé. J'ai trouvé le moyen au der-
nier Conſeil des Dépêches, de m'emparer de
cette affaire qui va devenir ſérieuſe pour les
Quinze-Vingts ou pour moi. Je ſuis tout au
Cardinal : je lui dois de la reconnoiſſance, &

fa tournure me va. J'ai donc fait valoir l'autorité du Roi : j'ai dirigé adroitement vers ce point le compte que j'ai rendu. J'ai obtenu le pouvoir d'agir en conféquence.

Auffi j'ai fait donner une Lettre de cachet à l'Abbé de LARBOUST, pour qu'il eût à obéir au Cardinal & à l'Abbé GEORGEL. Nous allons peut-être faire au Confeil ce que MAUPEOU a fait aux Parlemens. L'Abbé de LARBOUST a cru fe tirer d'affaire en donnant fa démiffion. Je lui ai dit de s'adreffer à M. Amelot. Qu'ils s'arrangent entr'eux : il faudra bien que les Gens du Confeil obéiffent. C'eft bien à eux qu'il appartient de réfifter, de donner des démiffions, d'alléguer des fcrupules : alors ils méritent bien mieux que les Parlemens, le fort de 1773. Et à moi cela me fera utile & honorable.

D'abord en ce moment où j'étois menacé, l'opinion publique va être diftraite à mon avantage : c'eft une habile diverfion. Je fais croire que mon crédit augmente, au lieu de diminuer.

De plus, je gagne du temps, & le temps feul peut me fauver. S'il le faut, j'éleverai un fchifme dans le Confeil, parti contre parti, Confeillers d'Etat contre Maîtres des Requêtes. Je feme déjà avec fuccès les germes de la rivalité entr'eux ; par là j'en deviendrai de plus en plus le maître. Je leur ferai danfer, quand je voudrai, la danfe des Aveugles. Je ferai croire au Roi que fon autorité en eft d'autant plus accrue, & je me raffermirai à jamais dans ma place.

(3)

Cet Abbé GEORGEL eſt un madré Jéſuite qui
en ſçait long : lui & moi nous mettrons le Cardinal à l'abri même du ſoupçon.

Mais il faut que vous m'aidiez en une ſeule
choſe : c'eſt de faire aboyer tous vos Eſpions en
ma faveur : ſi l'Abbé de LARBOUST oſe dire que
j'ai rendu au Roi un compte infidele, que j'ai
tronqué des pieces en les rapportant, c'eſt de le
faire démentir par-tout, de mettre en jeu l'autorité du Roi, de ſoulever contre les préten-
tions du Conſeil, &c. &c. Vous comprenez, &
vous connoiſſez, Monſieur, tous mes ſenti-
mens, &c.